ORAISON FUNÈBRE

DE

JEAN REBOUL

PRONONCÉE

LE JOUR DE L'INAUGURATION DE SA STATUE

17 Mai 1876

EN L'ÉGLISE CATHÉDRALE DE NIMES

PAR

Monseigneur BESSON

ÉVÊQUE DE NIMES.

NIMES

IMPRIMERIE LAFARE FRÈRES

place de la Couronne, 1

1876.

ORAISON FUNÈBRE

DE

JEAN REBOUL

PRONONCÉE

LE JOUR DE L'INAUGURATION DE SA STATUE

17 Mai 1876

EN L'ÉGLISE CATHÉDRALE DE NIMES

PAR

Monseigneur BESSON

ÉVÊQUE DE NIMES.

NIMES

IMPRIMERIE LAFARE FRÈRES

place de la Couronne, 1

1876.

Nimes. — Imprimerie LAFARE Frères, place de la Couronne, 1.

ORAISON FUNÈBRE

DE

JEAN REBOUL

PAR

Monseigneur BESSON

Vir fidelis multum laudabitur.
L'homme fidèle sera comblé de louanges.
Prov. xxviii. 20.

Monseigneur (1),

Voilà dans deux mots, empruntés à la sainte Ecriture, le portrait
de celui que vous avez loué le premier avec la plus vive éloquence
et la plus tendre amitié. Ce texte explique assez la fête qui ramène
aujourd'hui dans cette chaire le nom et la gloire de Jean Reboul.
Non, l'homme fidèle ne saurait être loué trop souvent. La ville de
Nimes l'a compris, c'est pourquoi après avoir enterré Reboul aux frais
du trésor, comme on aurait fait à Athènes et à Rome, elle a, conformé-
ment au vœu que vous exprimiez le jour de ses funérailles, élevé une
statue pour consacrer une mémoire qui lui est si chère. L'Eglise le
comprend aussi bien que la cité, c'est pourquoi elle rend à Dieu de
publiques actions de grâce pour l'achèvement de ce bel ouvrage, et
aisant une nouvelle et glorieuse exception à ses sages règlements,
elle vient, douze ans après la mort de Reboul, décerner encore une
fois à un simple particulier ces louanges solennelles que les princes et

---

(1) Mgr de Cabrières, évêque de Montpellier.

les pontifes n'obtiennent guère que le jour même où ils descendent dans le tombeau. Mais il y a ici une vertu qui défie le temps et la mort, et qui élève Reboul parmi les princes de son siècle. Reboul fut le héros de la fidélité, et en venant le louer encore, je ne fais que justifier les Ecritures et confirmer ces *Proverbes* qui sont la sagesse des nations : *Vir fidelis multum laudabitur.*

Je l'appelle un héros et je ne m'en dédis pas, car il lui fallut autant de modestie que de courage pour demeurer, dans le siècle où nous sommes, fidèle à sa ville natale, à son métier, à sa lyre, à son prince, à sa religion. Plus ce mérite est rare, plus belle est la couronne que Reboul reçoit aujourd'hui. Donnez des fleurs à pleines mains, accumulez sur cette tête vénérable les lauriers d'un autre âge. Je ne sais si la postérité comptera Reboul parmi les grands hommes, mais nous le nommerons dès aujourd'hui un homme unique. Il eut jusqu'à la fin, et dans le plus haut degré, le dévouement du citoyen, la simplicité de l'ouvrier, la noblesse du poète, le désintéressement du royaliste ; voilà sa gloire aux yeux du monde. Mais, ce qui est plus grand que tout le reste, il ne cessa de pratiquer la foi naïve et fervente du chrétien : voilà sa gloire aux yeux de l'Eglise. Toujours digne de louanges, parce qu'il fut toujours fidèle, toujours fidèle parce qu'il fut toujours modeste ; l'unité de sa vie est complète, et c'est dans cette unité même qu'il faut en voir toute la grandeur. *Vir fidelis multum laudabitur.*

I.—Quand on essaie de démêler dans l'âme de Reboul les sentiments qui l'ont rendue à la fois si modeste et si grande, on y trouve d'abord l'amour profond de sa ville natale. Je n'hésite pas à dire que ce fut pour lui comme une première grâce d'avoir reçu le jour au milieu des ruines, à peine écroulées, de l'antique Nemausus qui touche à toutes les grandes choses du passé : à la Phénicie par sa fondation, à l'Egypte par ses armes, à la Grèce par sa langue, à Rome par ses monuments. Mais les plus brillantes colonies de l'Egypte, de la Grèce et de Rome, n'avaient pas laissé effacer, sous la main des Césars, l'austérité de la vie provinciale ; les caractères y étaient mêlés de modestie et de grandeur, et Tacite, (1) le plus grave des historiens, loue Agricola d'avoir été élevé loin du luxe et de la corruption, dans la ville de Marseille, où la politesse des arts s'allie à l'honnêteté sévère des mœurs publiques. Nimes, la patrie d'Antonin, peut partager cet éloge avec Marseille, et, dix-huit siècles après Tacite, elle semble le mériter encore.

Nimes, s'il plait à Dieu, ne sera jamais une ville de plaisir. Elle est faite pour exciter la curiosité de l'érudition, animer l'ingénieuse patience de l'archéologue, féconder les méditations de l'histoire, et prêter des ailes à la poésie, toutes les fois que la poésie veut se donner de haut, comme Reboul le fit tant de fois, le spectacle des choses humaines. Aussi, quand le dix-huitième siècle s'achève, ne suis-je pas surpris d'y trouver le berceau de Guizot à côté de celui de Reboul, et de saluer à la fois ces deux enfants qui viennent de naitre pour la gloire du siècle futur. Je prononce le nom de Guizot dans cette chaire, sans m'en étonner, et Reboul l'a chanté en félicitant son illustre compatriote d'avoir rendu souvent justice à l'Eglise catholique. Nimois comme Reboul, il était, comme lui, de la grande école du respect et de la tradition. Comme lui, il aima, il servit, il honora sa ville natale, et sa renommée entre dans vos splendeurs (2). Demain l'académie française va célébrer ce grand nom, en le mêlant au vôtre. Evêque, je m'en couvre aujourd'hui, pour rappeler à ceux qui poursuivent de leurs blasphèmes, où la peur éclate autant que la sottise, l'Eglise catholique, apostolique et romaine, que Guizot a hautement condamné cette guerre impie, et que Reboul, lui empruntant ses paroles, a montré dans cette Eglise,

> L'astre qui doit survivre aux astres ennemis,
> Que nul n'effacera du ciel où Dieu l'a mis,
> Car on sent que sa mort serait celle du monde. (3)

(1) Arcebat eum (Agricolam) ab illecebris peccantium, præter ipsius bonam integramque naturam quod statim parvulus sedem ac magistram studiorum Massiliam habuerit, locum Græca comitate et provinciali parcimonia mistum ac bene compositum. (Jul, Agric. vita. IV).

(2) Jean Reboul, *Dernières poésies* : A M. Guizot, p. 184.

(3) Ibid., p. 186.

Mais l'historien et le poète n'eurent guère que la communauté d'origine et de sentiments. L'un quitta Nimes pour ne le revoir qu'à de rares intervalles, et y rapporter sa gloire après être descendu, sans déchoir, des grandeurs civiques ; l'autre en fit son unique et tranquille séjour, l'objet de ses chants, l'amour de sa vie. Nimes revit tout entier dans les écrits de Reboul. A quelque date qu'on les étudie, dans les lettres les plus familières comme dans les odes les plus élevées, Reboul a pour sa ville natale tantôt un accent de légitime orgueil, tantôt un souhait de prospérité et de bonheur, toujours une pensée agrandie par une image et comme embellie par une larme ou par un sourire. Qui, après l'avoir lu, ne reconnaîtra tout d'abord dans votre site illuminé par le soleil ,

> Ce fragment détaché des bords de l'Italie,
> Où le ciel se peignant d'un éternel azur,
> Est presque monotone à force d'être pur. (1)

Il était fait pour chanter la seconde Rome, avec ses sept collines, ses arènes, ses bains, ses temples, ses palais, sa grande tour. Toute cette antiquité tient dans ses vers comme dans un suaire qui en fait valoir encore la majesté souveraine. En descendant de ces hauteurs foudroyées par le temps, on suit ce noble guide parmi vos monuments chrétiens, depuis votre vieille cathédrale jusqu'à l'église Saint-Paul, et l'étranger, qui en a lu la description, éprouve en y entrant les émotions du poète. Mais le Nimois si fier de ses monuments, est modeste dans sa propre demeure. Reboul n'a point agrandi la maison paternelle. Reboul, trahi par la fortune, n'a pas même joui, jusqu'à la fin, du *mazet* (2) dont il aimait l'ombre, le repos et la douce gaieté. Même après avoir perdu cette modeste aisance, Reboul semblait heureux en la peignant. Ah ! croyez-en le compatriote qui vous fait aujourd'hui tant d'honneur : Soyez fidèles à votre ville natale, soyez modestes, vous serez heureux !

J'ajoute, pour continuer la leçon que ce jour nous donne, aimez la

(1) *Premières poésies*, p. 147.

(2) Diminutif de *mas* (mansio) ; petite maisonnette où les Nimois vont se délasser le dimanche.

condition où le ciel vous a placé. Ce fidèle Nimois était né serrurier, et son père avait conçu le dessein de l'élever au-dessus de lui-même, en l'envoyant comme clerc d'avoué chez M⁰ Boyer, autre nom cher à la cité, déjà promis au barreau et à nos assemblées nationales. Ce fut pour Reboul comme une première tentation ; mais l'ambition du père, quelque modeste qu'elle soit, sera bientôt détrompée par celle du fils, plus modeste encore. Forcé, après la mort de son père, de gagner sa vie, Reboul quitte l'officine, rentre à l'échoppe et se fait boulanger. Le voilà rivé pendant quarante ans au rude métier de chaque jour, n'ayant, pour s'en distraire, que ses livres, ses amis et les visites que les curieux viennent rendre à sa jeune renommée. Ce seraient autant de tentations qui auraient perdu un homme vulgaire, mais qui lui rendirent plus cher encore le tablier de son état.

Lacordaire a loué le général Drouot de s'être obstiné à l'étude dans la boutique d'un boulanger, n'ayant, à défaut de lampe, que la lumière du four paternel ; mais ces études si difficiles firent sortir Drouot de sa condition, le menèrent à l'école polytechnique, et lui valurent l'honneur de gagner contre l'Allemagne la dernière victoire du drapeau Français. C'est ainsi que la boutique d'un boulanger, devint à Nancy le berceau d'un héros et d'un sage. Notre Reboul fut plus sage encore. Ses livres, feuilletés nuit et jour, étaient en petit nombre, mais on ne les cite guère comme les instruments de la fortune, et notre siècle les met bien au-dessous des ouvrages de mathématiques. C'étaient quelques volumes dépareillés de Corneille et de Racine ; de Bonald, l'auteur de la *Législation primitive*; de Maistre, l'auteur du livre du *Pape* et des *Soirées de Saint-Pétersbourg; l'Imitation*, le plus beau livre qui soit sorti de la main de l'homme ; la *Bible* qui est de celle de Dieu. Une bibliothèque si petite et si bien choisie, pouvait-elle faire rêver à Reboul de plus hautes destinées? Plus il lit les grands maîtres, plus il s'applaudit de son sort. Ses amis appartenaient, comme ses livres, à l'élite de la société humaine. Les uns lui font goûter à Nimes les douceurs de la plus agréable intimité ; le boulanger est de toutes leurs fêtes et sa condition semble en rehausser l'éclat. Les autres, et je ne cite que les morts, Chateaubriand, Lamartine, Montalembert, viennent visiter *le génie dans l'obscurité* et mettent son nom à la tête de leurs plus belles pages. C'était, pour eux, une agréable surprise de voir Reboul, changeant à peine de costume, passer de son échoppe dans son cabinet, et converser de ce ton, à la fois modeste et plein d'aisance, que donne le commerce des lettres. Ils l'avaient abordé avec curiosité, ils le quittaient avec admiration, le félicitant de son sort, l'enviant peut-être pour eux-mêmes.

Que Reboul, éclairé par de tels amis, ait obstinément gardé l'obscurité et l'habit de son état, je ne m'en étonne pas. On le presse d'accepter la place de bibliothécaire, il refuse, comme s'il eut redouté de perdre, au milieu des livres sans nombre dont il serait devenu le gardien, cette simple et ferme vue de la vérité qui rend si redoutable *l'homme d'un seul livre*. Qu'on l'envoie à l'Assemblée Constituante, il s'étonne, comme Lacordaire, des passions qu'il y rencontre, et après un an, passé loin de sa ville natale et de sa boutique, il rentre dans la vie privée avec la satisfaction d'avoir fait tout le bien qu'il a pu en passant au milieu de la vie publique. Qu'au sortir de cette vie agitée, un saint prélat que vous ne nommerez jamais sans regret, que je ne citerai jamais sans émotion, Mgr Cart, ait entrepris de le faire élever à la dignité de Recteur, pour inaugurer à Nimes la loi de 1850 et le régime de la liberté d'enseignement, il n'y a rien là qui ne soit honorable, et pour Reboul, et pour la cité, et pour l'éducation de la jeunesse française ; mais Reboul redoute la responsabilité de ces hautes fonctions et obtient enfin de vivre dans l'échoppe, sous le modeste habit d'un ouvrier en retraite. Deux fois son nom fut prononcé à l'Académie française pour un fauteuil vacant ; deux fois la décoration de la légion d'honneur lui fut offerte avec les plus vives instances ; rien ne le tentera et l'habit de l'ouvrier demeurera jusqu'à la fin, sans palmes et sans ruban, dans tout l'éclat de la modestie et de la fidélité.

J'ai nommé Montalembert et je féliciterai avec ses paroles l'ouvrier fidèle à son état. Le grand orateur cite avec admiration dans ses *Moines d'Occident*, S. Ermenfroy, abbé de Cusance, qui, distribuant chaque dimanche les eulogies aux paysans de sa terre, baisait avec respect leurs mains calleuses, toutes pleines encore des marques du travail de la semaine. Voilà les sentiments dont sa grande âme fut saisie à l'aspect du boulanger de Nimes. Il eut volontiers baisé les mains de l'ouvrier qui fabrique le pain de l'homme, comme celle du paysan qui le sème. Ouvriers qui m'écoutez, Reboul vous mérite aujourd'hui l'honneur de présenter à l'autel les eulogies du Saint-Sacrifice, bénissez votre sort ; soyez fidèles, soyez modestes, vous serez heureux !

Vous serez heureux, quand même le génie s'abattrait sur vous, comme sur Reboul au milieu des larmes, et vous donnerait les nobles tourments de la poésie. Reboul en est un exemple ; mais que cet exemple est rare et difficile à suivre ! Il faut rompre en visière avec la' volupté, avec le vice, avec l'opinion, avec la mode, presque avec tout le monde. Les uns n'ont vécu que pour la vanité et pour le plaisir. « Je suis chose légère », a dit un poète, voulant excuser par là l'inconstance de ses sentiments. D'autres ont connu leur rôle et l'ont peint en des vers sublimes. Ecoutez, comme ils représentent le poète au milieu des révolutions :

> Le poète, en des temps de crime,
> Fidèle aux justes qu'on opprime,
> Célèbre, imite ses héros.
> Il a, jaloux de leur martyre,
> Pour les victimes une lyre,
> Une tête pour les bourreaux. (1)

Voilà le programme qu'ils se traçaient dans leur jeunesse, mais combien leur vie l'a démenti ! Ce n'est plus le juste, ni qu'ils célèbrent, ni qu'ils imitent, c'est le crime dont ils se sont faits les apologistes et les propagateurs. Ils ont abjuré leur première fidélité, ils ont détourné leurs yeux et leur lyre des tourments de la victime, ils ont redouté le martyre, ils ont chanté les bourreaux. Mais ce que d'autres ont pensé, Reboul l'a fait. Reboul est de tous les poètes de nos jours

(1) Victor Hugo. — *Odes* L. I. — Le poète dans les révolutions. (Mars, 1821).

celui qui est resté le plus fidèle au culte désintéressé du bien, du vra
et du beau. Sa mission est de faire aimer l'Eglise, la France, le foyer
domestique. Tout ce qui soutient, l'homme, il le chante et il le relève ;
tout ce qui l'abaisse, il le flétrit et le foule aux pieds. Il a chanté, pendant cinquante ans de révolutions, sous les régimes les plus divers,
pour ne pas dire les plus contraires ; eh bien ! prenez sa lyre, comptez-
en les cordes si souples et si variées, depuis l'ode jusqu'à la chanson,
écoutez comme elle frémit et comme elle résonne à chaque événement.
Quand les rois s'en vont, quand les peuples se soulèvent, quand
l'émeute gronde et quand elle s'apaise, pas un sacrifice à l'opinion
ni au succès, pas une corde à briser, pas une note à voiler, pas une
indiscrétion à regretter. Ses chants de gloire sont aujourd'hui nos
consolations. Il disait de la France dans ses victoires, et nous le
répétons pour oublier nos disgrâces :

> Le monde a les regards sur elle,
> Car chaque fois que son glaive est tiré,
> Des lueurs dont il étincelle
> Tout l'univers est éclairé. (1)

Sa mission, c'est de chanter toujours. On lui a dit, la poésie est
morte, les vers ne trouvent plus de lecteurs ; parmi les maîtres de la
lyre les uns écrivent des romans, d'autres des chroniques, la plupart,
des journaux, tous font de la prose, c'est à ce prix que l'on conserve la
popularité de son nom. Ecoutez la réponse de Reboul : « Vous m'in-
vitez à écrire en prose, c'est le conseil que l'on donnait à Chapelain.
Mais pour moi, c'est trop tard. L'amble est pris, et Pégase ira
jusqu'à la fin. Que voulez-vous ? bon ou mauvais, c'est le moule que
Dieu m'a donné pour couler ma pensée (2). » Voilà ce qu'il répondait
quand la plume, rebelle entre ses doigts, ne traduisait plus qu'impar-
faitement les dernières pensées de sa grande âme ; il sera poète
jusqu'au dernier jour et jusqu'au dernier souffle, tant sa fidélité est
intraitable.

(1) J. Reboul, *Premières Poésies*. Expédition contre le Dey d'Alger, p. 332.
(2) Lettres de J. Reboul. — Lettre 143°, page 332.

Sa mission, c'est de chanter, dans cette langue simple, mâle et sonore que Corneille a créée pour la gloire de la poésie française. Voilà l'école dans laquelle il entre après quelques tâtonnements, et d'où il ne sortira plus. Fénelon a dit de Démosthènes qu'il se servait de la parole comme un homme modeste de son habit, pour se couvrir. Tel fut Corneille dans le xvii° siècle ; tel fut Reboul dans le nôtre. Le vers n'est pas pour sa pensée une parure, mais un vêtement. Il le découpe, il le taille, il l'ajuste, dût-il le forcer un peu, à la hauteur de ses conceptions et à la grandeur de ses sentiments.

> Et le vers, bien ou mal, dit toujours quelque chose.

Quand ces qualités sont méconnues par un siècle qui tantôt s'est épris de la couleur jusqu'au délire, tantôt s'est abandonné au sentiment jusqu'à la fadeur, et qui ne sachant plus comment rajeunir la langue, descend d'abîme en abîme, jusqu'à peindre avec une cruelle exactitude la boue des chemins et la vase impure du cœur corrompu, il faut revenir au grand siècle et aux grands maîtres, il faut remonter plus haut peut-être et puiser aux sources mêmes de notre langue et de notre génie. J'en félicite les nouveaux troubadours du Languedoc et de la Provence. Courage ! leur dirai-je en les saluant dans cette fête. Retrempez-vous à l'école de vos ancêtres, continuez vos chefs-d'œuvre, et rapportez à la France, le naturel, l'élégance, l'harmonie, tous les secrets perdus de la langue des vers, comme Virgile allait chercher en Grèce les trésors de Théocrite et d'Homère, pour enrichir le Latium. Non, ce n'est pas moi qui vous plaindrai de parler sur votre lyre un idiome qui la voile aux regards de la foule indiscrète. Reboul nous a rendu Corneille, préparez-nous d'autres Racines, et la France vous comptera, comme Reboul, parmi les héros de la modestie et de la fidélité.

Puisque je vous ai promis l'éloge de ces rares vertus, n'attendez pas de moi que je cache dans cette chaire un des plus beaux titres de Reboul à l'admiration du monde. Je trahirais par mon silence non-seulement la mémoire de ce grand homme, mais les droits sacrés de l'histoire, si je pouvais oublier un moment que notre poète demeura fidèle à son prince absent, comme à tout le reste. Il était de cette race antique chez qui l'amour du roi se confondait avec l'amour de la patrie, et quatre-vingts ans de révolutions n'avaient pu séparer dans son âme ce que quatorze siècles de prospérité et de gloire semblaient avoir uni pour toujours dans nos annales et dans nos destinées. Royaliste par la tradition d'un grand peuple, par l'instinct d'une belle âme, par la maturité d'une haute raison, il traduisait ses sentiments sans blesser jamais ceux qui n'ont pas le bonheur de les partager. Personne plus que lui ne tenait aux principes, mais s'il stipulait pour eux le droit de vivre et de gouverner le monde, il les défendait avec cette modération qui est nécessaire pour les faire reconnaître et pour les faire vivre. Soit qu'il chante les funérailles du vieux roi qui a fait de la Méditerranée un lac français, soit qu'il dépose l'hommage de ses vers sur la tombe de la fille de Louis XVI, ou qu'il offre ses conseils et ses vœux à l'héritier de la plus noble couronne de l'univers, vous entendrez tour à tour l'admiration, le regret, l'espérance, jamais la colère, l'injure ou le reproche. Ne lui demandez pas de voiler sa pensée ; mais cette pensée, ferme, sincère, loyale, autant qu'elle est noble ne sera jamais une offense pour autrui. Reboul ne s'est pas borné à chanter les princes de son cœur. Il les a visités dans leur exil, il a entretenu avec eux une sorte de commerce par ses lettres et par ses prières. Il est allé prier sur la tombe de Charles X et de la Dauphine, c'était là toute sa consolation, et il n'avait jamais souhaité d'autre récompense. Son rêve était, comme il l'a dit, de s'en aller avec l'honneur d'un dévouement gratuit ; mais un jour la nécessité lui fit sentir sa loi impérieuse ; des amis révélèrent ce que sa délicatesse avait caché, et il lui fallut accepter du prince ce qu'il aurait refusé de tout le monde. Ne craignez rien pour ces deux grands cœurs ; le bienfaiteur semble recevoir ce qu'il donne, tant il met de bonne grâce à l'offrir ; mais l'obligé se sent plus obligé encore, tant il met de modestie à baiser avec l'expression d'une respectueuse et profonde reconnaissance, les mains augustes et vénérables d'où le bienfait est descendu sur lui.

Après ces traits sublimes, la fidélité politique de Reboul n'en est que plus belle, et rien ne pourra en abaisser la grandeur, ni le temps qui emporte tant de choses, ni l'opinion qui change si souvent, ni les révolutions qui précipitent les empires les uns sur les autres avec un fracas effroyable. Il est beau de rester fidèle à son prince sans cesser d'aimer, de servir et d'honorer son pays. Il est beau de ne chanter que l'infortune et que l'exil, sans maudire les favoris du sort, sans envier leurs places, ni méconnaître leurs mérites. Reboul se demandait quelles seront les destinées de la France et de la grande maison qui porte son nom ? Dieu seul le sait ; mais, sans parler ici et du Nimois et de l'ouvrier, Reboul élevé à l'école du grand siècle pouvait-il en oublier l'incomparable éclat ? Et si le poète avait besoin d'excuse pour ses espérances ou pour ses regrets, l'excuse ne serait-elle pas assez glorieuse ? Ah ! si la France doit avoir un jour le sort des choses finies et si, comme le dit Bossuet de l'antique Egypte, c'est assez pour une nation d'avoir duré quinze siècles, laissez aux amis de la belle littérature, la consolation de se dire : Il y eut dans l'histoire un moment où la France s'éleva au dessus de Rome et d'Athènes ; il y eut dans le cours des siècles, un siècle plus grand que celui de Périclès, d'Auguste et de Léon X, parce que, au jugement même de Voltaire, les arts y furent portés à une plus grande perfection ; c'est le siècle où les Condé valaient les Bossuet et où un coup d'œil de Louis enfantait des Corneilles ; c'est le siècle auquel un Bourbon a laissé son nom comme le symbole de toutes les gloires ; c'est le siècle qui s'appellera dans toutes les langues et chez tous les peuples : Le siècle de Louis XIV !

Voilà Reboul selon le monde ; le voilà avec toute sa modestie, toute sa fidélité, tout son honneur. Regardez-le, sa noble figure décèle un ancien, il en a la mâle beauté, les grands traits, le relief qui s'accuse et qui se grave dans l'esprit. Un jour, en retrouvant parmi les débris de vos monuments, le bronze que Pradier a sculpté de ses mains, ou le marbre que vous allez inaugurer ce soir, vos petits neveux hésiteront à dire si cette tête a appartenu à l'antiquité romaine ou à ce que nous appelons les temps modernes, tant elle est bien placée parmi les statues du peuple-roi. Après avoir admiré ses traits, qu'on relise ses œuvres, on se tromperait encore, non pas sur sa nationalité, mais sur son siècle, si les noms et les dates pouvaient se prêter à cette illusion. C'est un Français, mais un français du xviie siècle, transporté dans le nôtre avec la modeste grandeur et la langue sévère d'un autre Corneille. Romain par l'esprit, Français par le cœur, voilà Reboul. Ce mot suffit à peindre dans la fidélité qui caractérise sa vie politique et civile, le Nimois, l'ouvrier, le poète, le royaliste. Aussi n'ajouterai-je rien à l'inscription que vous avez gravée au pied de sa statue; qu'elle soit modeste comme il le fut lui-même : *A Jean Reboul, ses concitoyens!*

II. — Chateaubriand a dit avec un sens exquis : « Pour qui aspire à l'immortalité, c'est une grande avance que d'être chrétien ». Il est plus vrai de dire, en empruntant à Bossuet une célèbre alliance de mots: Pour qui n'est pas chrétien qu'est-ce que « *cette triste immortalité que nous décernons aux héros* »? Je ne vous ai parlé jusqu'ici que des choses humaines, mais elles sont changeantes et périssables, et si Reboul y avait trop attaché ses yeux, nos autels se refuseraient depuis longtemps à me laisser continuer ce discours. Qu'est-ce que la patrie, si chère qu'elle soit aux cœurs bien nés ? Une tente qu'on dresse le matin et qu'on enlève le soir. La profession du plus honnête homme ? Un tablier qu'on dénoue, avant le soir, sous cette tente d'un jour. La lyre même la plus pure ? Une corde qui se brise. La fidélité politique, même la plus longue et la plus française ? Une tradition périssable comme tout le reste. Aussi, cette chaire serait-elle restée muette si Reboul n'avait été fidèle qu'à sa ville natale, à sa profession, à sa lyre, à son roi. Ce serait assez d'avoir donné son nom à une de vos rues, signalé son tombeau à l'attention publique et élevé sa statue parmi les monuments de la cité. Hélas! vous avez beau relever vos arènes, recueillir vos médailles, décréter l'immortalité de vos enfants, toute cette gloire périra, ce n'est déjà plus qu'un fantôme errant parmi des ruines, une ombre, un mot, un rien, moins encore. Si ce fut là toute la récompense d'un Antonin, quel fruit lui en revient-il après tant de siècles, et quelle autre inscription à graver sur le socle de cette statue que la grande pensée de S. Augustin : « Leur récompense est aussi vaine que leurs vains mérites. » *Receperunt mercedem suam, vani vanam.*

Il n'en sera pas ainsi de notre Reboul, car Reboul fut chrétien dans toute la force et dans toute l'étendue de ce mot. Jamais homme n'a dit plus modestement, je suis chrétien. Il l'a dit du berceau à la tombe, de la première lettre de son catéchisme jusqu'au dernier soupir de son agonie. Il l'a dit sans respect humain comme sans orgueil, non seulement par ses paroles, mais par ses actions, avec l'humilité qui convenait à sa vertu, et avec la fidélité qui caractérisait toute sa conduite. Il l'a dit à son siècle qui n'a pas osé l'en reprendre ni s'en moquer, tant il a été forcé d'y croire. Nous venons le redire pour vous apprendre à quelle condition un vrai chrétien force le respect, fait taire l'envie et entraîne ceux qui l'admirent sans avoir le courage de l'imiter.

Reboul, prenez-y garde, n'est pas un chrétien qui rêve au lieu de prier, conteste la sagesse de l'Église, dispute avec elle, ou, se bornant à la foi spéculative, laisse aux âmes simples la rigueur des préceptes et la ferveur des pratiques. Il croit et c'est pour cela qu'il chante. Mettez en tête de ses œuvres l'épigraphe du prophète : *Credidi propter quod locutus sum* (Ps. 115). Il croit et la plupart de ses plus belles pièces sont des actes de foi. Il croit à la divinité de Jésus-Christ, à la mission de l'Eglise, à l'autorité infaillible du Pape, aux dogmes les plus décriés de notre siècle, au dernier jour, dont il a peint la sublime horreur, au dernier jugement, qu'il décrit d'après l'Evangile :

> Abjurant sa clémence et gardant sa justice,
> Le Christ dit : Le remords cesse d'être propice.
> Et sur les flots mêlés du pâle genre humain,
> Il étend une croix qu'il tenait à la main ; [1]

à l'enfer, où souffrent des pénitents sans espoir, des martyrs sans mérites et où l'horloge

____

(1) *Le dernier jour, Ch. X. p. 304.*

> Marque de son aiguille, à l'œil épouvanté,
> L'heure de la douleur et de l'éternité.(1)

Reboul espère, mais personne n'a su le dire comme lui, personne n'a fait apparaître l'espérance au monde sous une image à la fois aussi grande, aussi radieuse et aussi divine. « Vous êtes beau comme l'espérance », disait avec une grâce toute française, une gouvernante des enfants de France au prince qu'elle tenait sur ses genoux. Mais quand l'enfant s'est endormi du sommeil de la mort, que deviendra la mère qui le pleure ? Il lui reste à se voiler la face, et, à nous, il ne reste plus qu'à nous retirer, les yeux baissés, en répétant ce que l'Ecriture a dit de Rachel : Elle a refusé d'être consolée parce que son enfant n'est plus : *et noluit consolari quia non sunt.* Eh bien ! Reboul a entrepris de consoler la douleur inconsolable des mères, et de leur persuader l'espérance, dans ce moment terrible où leurs entrailles refusent de la comprendre. Ce n'est plus un moment terrible, c'est un moment presque délicieux. Non, il n'y a point de mère qui ne consente à laisser un ange s'approcher du berceau de son fils pour

> .... contempler son image
> Comme dans l'onde d'un ruisseau.

Il n'y a point de mère qui ne consente à entendre ces paroles :

> Charmant enfant qui me ressemble,
> Disait-il ; Oh ! viens avec moi,
> Viens, nous serons heureux ensemble,
> La terre est indigne de toi.

Il n'y a point de mère qui ne relève sa tête pour suivre l'ange aux blanches ailes qui emporte l'âme, quand même il lui faut regarder le corps inanimé, et que le médecin, le prêtre, l'ami viennent lui dire en lui serrant la main :

(1) *Le dernier jour. Ch. VI. p. 195.*

Pauvre mère, ton fils est mort. (1)

Vous citerez des vers ciselés avec plus d'art, mais ces vers qui les connaît, hormis quelques amateurs ? Les vers de Reboul ont tenté tous les crayons, et jamais la poésie n'a paru plus semblable à la peinture. Les vers de Reboul seront répétés d'âge en âge, traduits dans toutes les langues, sculptés sur le bronze, le marbre ou l'airain, sous l'image divine qui les rappelle sans le secours de l'écriture. Votre poète n'eut-il fait que cette seule pièce, cette pièce suffirait à son immortalité, comme il suffirait à Homère d'avoir chanté les adieux d'Hector et d'Andromaque pour être cher à tout jamais au foyer domestique, et à David d'avoir pleuré sur la mort de Saül et de Jonathas pour être appelé le poète de l'amitié. Placez le nom de Reboul à côté de ces grands noms, il vivra autant que le monde, et on dira de lui comme on l'a dit d'Antigone, la compagne d'Œdipe :

> Tant qu'il existera des pères malheureux,
> Ton nom consolateur sera sacré pour eux.

Qu'il aille maintenant le poète immortel de l'espérance, qu'il se fasse le poète de la charité, la France le connaît, l'écoute, l'admire ; la France ouvre partout, à cet appel toujours éloquent, et sa bourse et son cœur. Il a quêté, la lyre à la main, pour la Pologne malheureuse, pour l'Espagne exilée, pour la crèche de l'orphelin, pour le grabat du malade. La société de Saint-Vincent-de-Paul commence, il en devient le chantre inspiré et comme la seconde Providence. Les Petites-Sœurs fondent-elles une maison dans cette cité, il presse les pauvres d'y entrer en leur montrant les lits qui s'y dressent :

> Le lit sera pour vous et la paille pour elles. (2)

(1) *Premières poésies*. L'ange et l'enfant.
(2) *Les Traditionnelles*, p. 33.

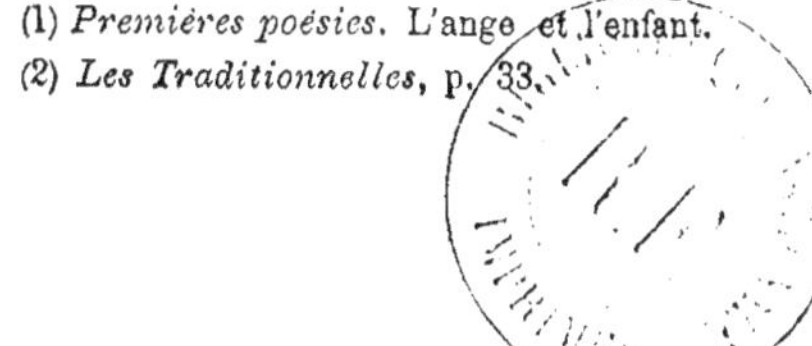

Il presse les riches de meubler le nouvel hospice :

> L'offrande la plus mince est toujours bien venue,
> Tout s'utilise et change en leurs bénignes mains ;
> Ce pliant recevra le sommeil de la rue,
> Ces miettes deviendront de bienheureux festins. (1)

Quand les fleuves sortent de leur lit, et semblent être dans la main de Dieu comme la coupe de sa colère débordée de toutes parts, et dont la lie inépuisable doit abreuver les pécheurs, Reboul tantôt l'œil élevé vers le Seigneur s'écrie avec l'accent du prophète :

> Que veut dire le Ciel aux peuples éperdus ? (2)

tantôt contemplant les débris flottants de ces grands naufrages, il montre auprès de lui une femme qui se lève tout à coup, s'enfuit à grand pas, et serre entre ses bras un enfant encore à la mamelle.

> Cette mère avait vu passer un berceau vide. (3)

Mais Reboul se lève à son tour, il chante, il quête encore, il jette les beaux vers à pleines mains ; la charité vient, sur ses pas , moissonner pour les malheureux les épis qu'a semés la poésie.

Il y a une aumône mille fois plus belle, plus rare, plus nécessaire que l'aumône du corps, c'est l'aumône de l'âme, c'est la prière. Reboul la répandait soir et matin devant son Dieu pour l'Eglise, pour la France, pour ses concitoyens, pour ses amis et, avant tous les autres, pour ses amis égarés dans les voies de la Révolution. Il pria pour Lamennais et pleura sur lui. Heureux s'il avait pu obtenir pour ce Tertullien tombé la grâce d'une seule larme ! Il pria pour Lamartine, et pleura toutes les larmes de sa lyre pour effacer le scandale des

(1) *Les Traditionnelles*, p. 34.
(2) *Ibid.*, p. 265.
(3) *Ibid.*, p. 268.

Girondins. Ni ses pleurs ni ses reproches n'offensèrent le chantre des *Méditations* et des *Harmonies.* Lamartine ne cesse de lui répondre ; il l'appelle : « Son cher, illustre et saint ami. Je sens toujours comme vous, disait-il encore, priez pour moi et aimez-moi. » (1) Reboul l'aima jusqu'à la fin, priant encore, espérant toujours. Il le montrait,la couronne au front, l'épine au cœur, expiant sa popularité évanouie par les souffrances de l'isolement. Il disait à Dieu :

O mon Dieu, prends pitié de la gloire de l'homme. (2)

Il disait à ses amis en implorant leur aumône pour son maître :

Vous connaissez celui que nomme mon silence. (3)

Reboul mourut le premier, il le fallait peut-être, pour aller auprès de Dieu, prier non plus dans la langue de la terre, mais intercéder dans la langue du ciel, en faveur de Lamartine égaré. C'était votre consolation, Monseigneur, quand du haut de cette chaire, la main étendue sur la dépouille de Reboul, vous demandiez à votre auditoire de s'associer à cet apostolat désormais tout céleste, et de solliciter le retour d'un grand homme à la foi de ses pères. Ce retour, la France l'a vu, l'Eglise l'a béni. Lamartine a repris en mourant le crucifix de sa mère, et il y a retrouvé les premières impressions de sa foi et de sa piété. Ce retour a été dans le ciel la joie de Reboul, car s'il est écrit qu'il y aura plus de joie dans le ciel pour la conversion d'un seul pécheur, que pour la persévérance de quatre vingt dix-neuf justes, à qui d'entre les bienheureux est-il permis de goûter cette joie, sinon à celui qui n'a cessé de la demander par ses prières, et qui, après avoir tant prié, disait avec une humilité si sincère et si profonde :

Faible, mais convaincu dans ma sphère modeste,
J'ai cru faire le bien, le ciel fera le reste. (4)

(1) *Dernières poésies*— Notice, p. xcii.
(2) *Dernieres poésies,* p. 159.
(3) *Dernières poésies,* p. 153.
(4) *Les Traditionnelles,* à M. de Lamartine après la publication de Girondin, p. 81.

Ce n'est pas seulement envers les hommes fameux de son siècle que Reboul a rempli ce charitable ministère, il est demeuré dans sa chère ville de Nimes et dans les temps les plus troublés de notre histoire, l'évangéliste de la véritable église. Rien n'égalait sa foi inflexible si ce n'est son inflexible douceur. Ni l'âge, ni la fortune, ni les partis politiques, ni la différence, parfois si profonde, de symbole et de culte n'ont mis entre lui et ses concitoyens, la moindre barrière. Il abordait tous ses voisins sans détour, il allait s'asseoir sans embarras, auprès du riche comme auprès du pauvre, et ceux qui venaient causer avec lui, à l'ombre de sa gloire, devenaient, sans le savoir peut-être, les disciples de sa doctrine. Comment lui résister ? Nul ne fut moins esclave que lui de l'opinion, nul ne se laissa moins aveugler par le parti pris. Les préjugés répugnaient à sa droite raison, la rancune à son cœur, l'amertume à ses lèvres. Voilà pourquoi il a été l'apôtre de la cité, sous l'habit du simple fidèle. On l'écoutait sans se défendre, on se rendait sans le dire, et Dieu seul sait quelles conquêtes il a pu faire à la vraie foi. Maintenant qu'il n'en reste plus que la mémoire bénie, mon Dieu ! défendrez-vous au pasteur de ce troupeau de lui souhaiter des successeurs dans la jeunesse qui m'écoute ? Donnez, donnez à cette ville, à ce diocèse, des hommes qui prêchent la vérité en la faisant aimer par leurs vertus. Mettez-leur comme au front de Reboul le signe du génie, allumez dans leur cœur la flamme du zèle, donnez à leurs lèvres quelque chose qui attire et qui persuade, attachez à leurs pieds les ailes de la charité, et envoyez-les à la recherche des âmes qui se perdent. Je les bénirai, comme je bénis le nom de Reboul pour tout le bien qu'il a fait à mon peuple, je ne demanderai point à Dieu de connaître les victoires de leur propagande, Dieu leur cachera sans doute leurs propres succès, mais les anges les chanteront dans le ciel, mais le prophète les a chantés par avance, quand il s'est écrié : « *Qu'ils sont beaux les pieds de ceux qui annoncent la paix et qui évangélisent le salut !* » (1)

Est-ce assez de fidélité ? Non, Jésus-Christ, notre divin maitre,

(1) Isaïe LII, 7. — Rom. x, 15.

voyant dans Reboul le chrétien qui croit, qui espère, qui aime, qui se donne, voulut le mettre à l'épreuve de la souffrance, comme pour achever de le purifier, de l'embellir et de le rendre encore plus semblable à lui. Il le courba sous sa croix et lui laissa gravir lentement pendant quinze ans, les pentes abruptes du plus rude calvaire. Un jour il se fit dans cette belle intelligence comme une éclipse soudaine, et dans ce grand cœur comme un affreux déchirement. Ce fut au milieu des journées de juin, à la nouvelle que l'archevêque de Paris venait de tomber sur la barricade ; la nouvelle avait porté coup, car jamais Reboul ne guérit de cette sainte et patriotique blessure. Il revint à Nimes, la mort dans l'âme et comme étourdi à tout jamais par le canon de nos discordes civiles.

Cependant, semblable au vieux chêne que la foudre a frappé sans l'abattre, ses branches reverdissaient encore et cachaient aux regards la mortelle blessure. L'espoir de la guérison le ranimait chaque année, et chaque année ajoutait à ses mystérieuses souffrances. Quelle croix pour ce poète que de se chercher soi-même et de ne plus se retrouver sûrement ! Il ne vivait que pour penser, et la pensée devient sa torture. Ni les voyages, ni les visites de ses amis, ni les soins ingénieux de la plus douce intimité ne purent le ranimer tout entier. Bientôt tout espoir est perdu, sa taille se courbe, sa tête s'incline, son visage pâlit, il laisse retomber son front entre ses mains comme sous le poids du génie qui l'accable et qui ne trouve plus son essor. Vous l'avez vu passer dans ses derniers jours à travers vos rues et vos places, et vous vous sentiez comme devant une ruine vivante qu'un souffle d'en haut animait encore. Il venait rendre visite à son évêque bien aimé, et, quand la muse se réveillait en lui, il crayonnait volontiers, sous le regard de cet illustre pontife, les derniers vers tombés de son cœur. Le jardin de l'évêché a été témoin de ses dernières promenades. Ses jambes fléchissaient, et si ses lèvres souriaient encore, ce pâle sourire était comme le dernier rayon du soleil qui se glisse à travers les feuilles de l'automne. Mais à la vue du prélat qui venait à sa rencontre, son regard semblait se ranimer, comme autrefois, dans les jardins de Chantilly, l'auteur de Polyeucte retrouvait devant Bossuet sa verve et son génie. Ainsi la poésie s'est ranimée comme une lampe, au foyer de l'éloquence, et les derniers jours de Reboul, ont été presque des jours de joie, grâce aux soins affectueux de Mgr Plantier.

Enfin quand l'évêque ne suffira plus à cette longue et mystérieuse souffrance, ne craignez pas que l'ennui le gagne et le désespère. Ce n'est pas pour lui que le poète a pu dire :

Rien ne trouble sa fin, c'est le soir d'un beau jour.

Car son esprit est dans l'angoisse et son corps sent tout le poids de la mortalité. Il y a dans l'agonie de ce juste quelque chose de l'agonie de Gethsémani ; mais le Dieu de Gethsémani est le même qui a dit « que son joug est doux et que son fardeau est léger. » Reboul le sait, c'est ce Dieu qu'il cherche à l'heure la plus silencieuse et dans le sanctuaire le plus voilé. Il vient assidûment dans cette cathédrale, il entre dans la chapelle du Saint-Sacrement, il se cache derrière le pilastre qui en dessine le seuil, et le voilà comme Jésus acceptant sa croix, consentant à la porter encore, et multipliant par la prière tous les mérites de son agonie. *Factus in agonia, prolixius orabat.*

Ne dites pas qu'il est malheureux. Il revoit comme en un tableau, toutes les œuvres de sa vie : ses aumônes, ses prières, ses mortifications, ses aveux faits dans les tribunaux qui justifient ceux qui s'accusent, cette table sainte où il est venu avec une fidélité si touchante, manger, deux fois par an, le pain des anges, à Pâques pour célébrer la cène, le jour de la fête de son patron pour remercier S. Jean-Baptiste de l'avoir couvert, auprès de Dieu et des hommes, d'une si efficace protection.

L'heure est venue où il ne lui est plus permis de quitter la demeure qu'une noble amitié lui a préparée au chevet de cette Cathédrale et sous la protection de la sainte Vierge; c'est le mois de mai qui s'achève, Reboul qui l'a tant de fois chanté ici bas ira le finir dans le cortège des élus; c'est la pompe de la Fête-Dieu qui s'apprête, Reboul fermera les yeux à la lumière du monde au milieu des cérémonies de ce grand jour qui faisait ici-bas la joie de sa vie. Il meurt et les anges qui emportent son âme semblent, au jugement de la critique et de l'amitié, se demander s'ils prennent, sous leurs blanches ailes, l'âme du poète ou celle de l'enfant qu'il a chanté, tant le chrétier. était demeuré fidèle, tant il avait gardé, jusqu'au dernier jour , d'innocence et de modestie.

Et maintenant Reboul adore face à face le Dieu qu'il a servi avec tant d'honneur. Ce qu'il a cru, il le voit sans nuage ; ce qu'il a espéré, il le possède sans retour ; ce qu'il a aimé, il l'aime sans partage et sans mesure. Son front s'est relevé sous la couronne , il tient d'une main une palme qui ne se flétrira plus ; de l'autre, une lyre qui ne se taira jamais. Ecoutez de quel ton il chante les triomphes du Christ, et comme le refrain de ses cantiques est répété de sphère en sphère par les anges et par les élus :

> Le Christ est vivant sur la terre,
> Le Christ est vivant dans le ciel. (1)

Du haut de l'Église du ciel, il regarde l'Église de la terre. Que de combats nous avons à livrer encore ! Que d'ennemis à vaincre ! Que d'insultes à souffrir et à pardonner ! O fidèle chrétien, quand vous nous avez quitté, l'impiété méditait déjà un nouvel effort, mais aujourd'hui, elle monte, elle domine, elle va escalader le ciel. Que va devenir la barque de Pierre ? Non, l'Eglise ne périra pas ; j'entends Reboul chanter avec un accent qu'anime une divine certitude :

> Le Nil semble parfois submerger sans retour
> Sous ses flots orgueilleux la grande pyramide ;
> Mais bientôt délivré de son linceul humide,
> Le géant est vainqueur du déluge d'un jour. (2)

Non, ce déluge ne durera pas deux jours. Il est là, toujours là, debout au timon du navire, ce vieux pilote dont Reboul est allé baiser les

---

(1) *Dernières poésies*,, p. 271. — Cantique composé à la demande du R. P. d'Alzon.

(2) J. Reboul. *Dernières poésies* : la Pentecôte de 1862, p. 124.

pieds dans la ville éternelle. Il est là, notre Pie IX , dans toute sa sérénité et toute sa vigueur : la trentième année de son pontificat s'achève, la cinquante-huitième année de son sacerdoce commence, ses ennemis tombent, écrasés par la foudre, à sa droite et à sa gauche ; depuis vingt ans on spécule sur sa mort future, prochaine, imminente ; la mort vient, mais c'est pour frapper les spéculateurs et les politiques, et Pierre vit toujours dans la personne de l'infaillible Pie IX.

Nimois, français, chrétiens, saluons-le, pour finir, ce grand Pontife, avec les vers de Reboul, et confiants dans son prochain triomphe , écrions-nous avec notre poète :

> Le monde après avoir en dehors de la Foi,
> Bu de toute parole et de tous les systèmes,
> En remords suppliants changera ses blasphèmes,
> Et pour ne pas mourir se tournera vers toi. (1)

AINSI SOIT-IL ! AINSI SOIT-IL !

(1) J. Reboul. *Dernières poésies* : la Pentecôte de 1862, p. 124.

Nimes. — Imprimerie LAFARE frères.